Héroes de la Antártida

por Donna Thompson

ILLUSTRATION CREDIT: Susan Carlson

PHOTOGRAPHY CREDITS: Cover © Corbis; Cover, 3-14 © David Madison/Getty Images; 9 © Bettmann/Corbis; 11 © Royal Geographical Society/Alamy; 13 © Corbis.

Printed in the U.S.A.

ISBN 978-0-544-16708-7

3 4 5 6 7 8 9 10 0479 22 21 20

4500798033 A B C D E F G

Contenido

Cada año, alrededor del 21 de marzo, el sol comienza a ponerse en la Antártida. El largo, largo ocaso termina en meses de oscuridad total, que dura casi la mitad del año. El sol no aparece de nuevo hasta la primavera antártica, que es a mediados de septiembre. Día y noche, la única luz que se ve proviene de la luna y las estrellas. Los inviernos largos no solo son oscuros, sino que también son extremadamente fríos. Las temperaturas caen a menos de 50 °F bajo cero. Las ráfagas de viento y las nevascas hacen que se sienta más frío.

Para algunas personas, esos peligros y penurias son lo que los atrae a la Antártida. En las primeras décadas del siglo XX, arriesgados exploradores y científicos comenzaron investigaciones y estudios para trazar el mapa del continente ubicado en la parte más austral del mundo, y aprender lo que lo hace tan especial y único.

Era común que los primeros exploradores de la Antártida dejaran que sus barcos se congelaran en el hielo.

El desafío de la Antártida

Los primeros exploradores de la Antártida buscaban una nueva frontera. Los exploradores ya habían ido al corazón de África y penetrado en el interior de América del Sur. Solo quedaban las regiones frías y cubiertas de nieve alrededor de los polos. La Antártida era el último continente desconocido. El peligro y la llamada de lo desconocido atraían a algunos exploradores una y otra vez.

Esto sucedía en una época en que todavía no había aviones o helicópteros. Los exploradores llegaban con perros para trineos, ponis y trineos motorizados, es decir, trineos con ruedas "oruga" similares a las ruedas de un tanque. Algunos planeaban viajar en esquís mientras otros planeaban ir a pie, acarreando las provisiones y equipos en los trineos. Estos héroes de la Antártida eran arriesgados y seguros de sí mismos. Sentían mucha admiración unos por otros, pero competían ferozmente.

En 1901, Robert Falcon Scott, un capitán de la Marina británica, dirigió la primera exploración geográfica y científica al interior de la Antártida. La expedición *Discovery* estaba bien financiada pero no estaba suficientemente preparada para el clima y el terreno antártico. De hecho, ninguno de los integrantes del equipo sabía esquiar antes de llegar. Como desconocían el uso de los esquís y no se veían muy grandiosos en ellos, tuvieron que practicar antes de internarse en el continente. Por último, el equipo de exploradores y científicos de Scott enfrentó nevascas, hambre, insolación, congelación y ceguera por la nieve, por lo que tuvo que regresar.

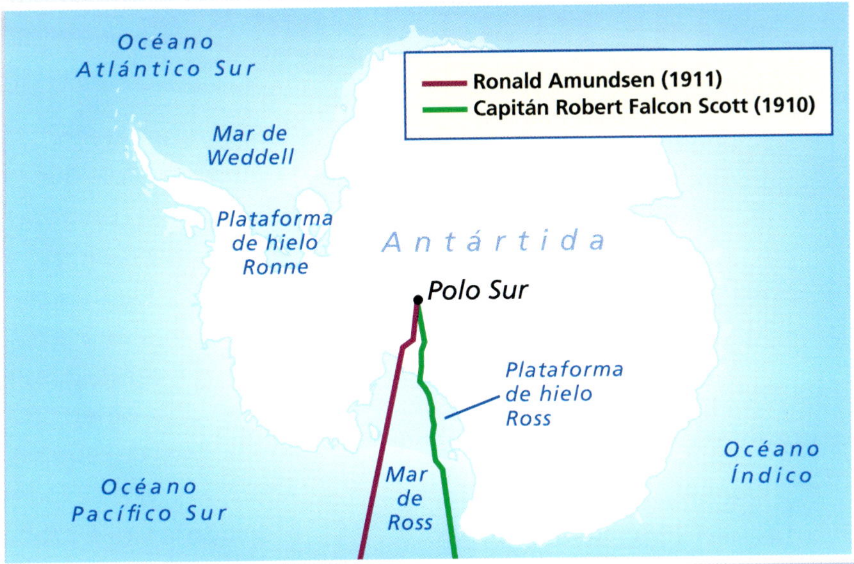

Las rutas de Amundsen y Scott al Polo Sur.

Tres años más tarde, Ernest Shackleton, que había participado en la expedición con Scott, regresó a la Antártida. Esta vez, como jefe, Shackleton tenía la esperanza de llegar al polo sur geográfico, que es el extremo inferior de la Tierra. Shackleton fracasó, pero llegó lo suficientemente cerca como para demostrar que el polo se encontraba en tierra y no debajo del hielo del mar congelado, como el Polo Norte. El viaje de Shackleton definió el estándar que los exploradores posteriores trataron de alcanzar.

En 1908 y 1909, dos exploradores anunciaron que habían llegado al Polo Norte. Eso dejaba al Polo Sur como el único lugar inexplorado de la Tierra. La carrera por el Polo Sur se transformó en una cuestión de orgullo nacional y personal para los exploradores que compartían una visión de grandeza.

La carrera al Polo Sur

Roald Amundsen era alto y delgado. Creció esquiando en las montañas accidentadas de Noruega y navegando en las frías aguas árticas frente a las costas del país. Amundsen había tenido la esperanza de ser el primero en llegar al Polo Norte. Cuando otros alcanzaron esa meta antes que él, decidió participar en la carrera al Polo Sur. Esta noticia fue una sorpresa inquietante para Scott.

Amundsen ganó la carrera al Polo Sur porque viajó con poca carga y muy rápido. Los ponis y los trineos motorizados de Scott resultaron ser inútiles para el viaje polar. Los integrantes del equipo de Amundsen eran expertos esquiadores, que usaban perros que tiraban de los trineos con provisiones.

Los trineos tirados por perros, no hombres, fueron la clave del éxito de Amundsen.

Robert Falcon Scott proyectaba su propia expedición al Polo Sur. Ambas expediciones planeaban comenzar en octubre o noviembre de 1911, es decir, en la primavera antártica. Sorprendentemente, acamparon a menos de 100 millas de distancia. El campamento de Amundsen estaba más cerca del polo que el de Scott. Amundsen tenía en cuenta la velocidad. Él y un pequeño grupo viajaron en esquís, vistiendo parkas livianas o chaquetas, y pantalones confeccionados con pieles y cuero de reno. Los trineos tirados por perros acarreaban las provisiones. A diferencia de Scott, Amundsen no planeaba realizar experimentos científicos.

El 14 de diciembre de 1911, el equipo de cinco hombres de Amundsen llegó al Polo Sur. Clavaron la bandera noruega en el polo. Además de exponer la bandera en el medio del hielo y la nieve, Amundsen dejó una nota en una pequeña tienda para Scott con sus buenos deseos. También dejó una carta para el rey Haakon de Noruega, y le pedía a Scott que la llevara, por si acaso él moría en el viaje de regreso. Resultó que Amundsen sobrevivió y Scott no logró regresar.

La expedición de Scott comenzó unas semanas después que la de Amundsen. Tenía perros, ponis, trineos motorizados y materiales para realizar experimentos científicos.

El continente antártico está rodeado por inmensas plataformas de hielo, glaciares de desplazamiento lento y el traicionero mar helado. Lo que había parecido hielo sólido se rompió durante la noche e hizo que los ponis y los miembros del equipo cayeran tambaléandose al agua helada.

El *Fram* —el barco que llevó a Roald Amundsen y a su equipo a la Antártida— fue prestado por otro famoso explorador noruego, Fridtjof Nansen. El *Fram* fue construido especialmente para no sufrir daños al congelarse.

Para llegar al polo, Scott dividió a su equipo. Él y otros cuatro se dirigieron al Polo Sur con buen ánimo. No habían visto las huellas del equipo de Amundsen, así que pensaron que serían los primeros en llegar al lugar.

El 17 de enero de 1912, Scott y su equipo alcanzaron el Polo Sur y se enteraron de que habían llegado demasiado tarde. Cuando vieron la bandera noruega clavada ahí concluyeron que Amundsen había llegado primero. Además de dejar sus cartas para Scott y el rey de Noruega, Amundsen también había dejado provisiones en la tienda, incluido un par de mitones sumamente necesarios. “Adiós a la mayoría de las fantasías”, escribió Scott cuando su equipo comenzó el arduo camino de regreso de 800 millas. Este viaje de regreso iba a resultar aun más peligroso.

El regreso fue difícil para Scott y su equipo polar. Las provisiones dejadas a lo largo del camino eran inadecuadas. Trataron de acurrucarse juntos para mantener el calor, pero no sirvió de mucho en las temperaturas polares. Sin suficientes alimentos, perdieron la grasa corporal que los mantenía abrigados. Dos de los cinco miembros del equipo murieron en el camino. Hambrientos y exhaustos, los tres restantes llevaban diarios del viaje. Scott escribió: "¡Este es un lugar espantoso!".

Meses más tarde, un grupo de investigadores encontró los cuerpos congelados de Scott y otras dos personas en las bolsas de dormir a solo 11 millas de un puesto de provisiones. La expedición de Scott no había sido la primera en conquistar el Polo Sur, pero para todo el mundo, el coraje de estos hombres los transformó en héroes.

El equipo de Amundsen dejó una tienda y una bandera en el Polo Sur.

Una historia de supervivencia

En 1914, Ernest Shackleton planeó cruzar la Antártida a pie. Eligió un equipo de 27 hombres, que incluía científicos, marineros, un cocinero y un carpintero. Shackleton era un líder tan extraordinario que, desde el comienzo, el equipo lo llamó "Jefe".

Shackleton llevó a Frank Hurley, un fotógrafo. Las fotos dramáticas de Hurley contribuyeron a la fama de la historia de Shackleton. Pero esto sucedió en 1914. Hurley tuvo que trabajar con una cámara grande y aparatosa que captaba imágenes en placas de vidrio.

El barco de Shackleton, el *Endurance*, llegó a una estación ballenera en la isla Georgia del Sur en noviembre de 1914. Aunque en noviembre es verano en la Antártida, los balleneros advirtieron a Shackleton que el hielo del mar de Weddell estaba inusualmente grueso. Ignorando el peligro, decidió continuar. El *Endurance* se encaminó al sur hacia el continente.

Pero la advertencia de los balleneros había sido correcta y en enero el barco quedó atrapado en el hielo. Shackleton dijo a los hombres que tendrían que esperar hasta la primavera, para la que faltaban nueve meses. Los mantuvo ocupados durante los siguientes meses jugando al fútbol, a las cartas y al ajedrez. Sin embargo, el hielo se movía hacia el norte, arrastrando el *Endurance* lejos de la Antártida. El hielo se apilaba y comenzó a aplastar el barco de madera.

En octubre de 1915, el equipo tuvo que abandonar el barco, junto con la mayor parte de sus pertenencias. Shackleton abandonó su reloj de oro pero conservó un libro de poemas. Hurley destruyó centenares de placas fotográficas. Conservó suficientes —unas 120— para mostrar cómo era la Antártida. En noviembre de 1915, el barco fue fracturado y aplastado por el hielo, y finalmente se hundió.

Entonces, la meta del equipo fue escapar del hielo y llegar a aguas abiertas. Los hombres comenzaron a caminar, arrastrando las últimas provisiones y los tres pequeños botes salvavidas del *Endurance*. Tuvieron la suerte de avanzar una milla por día. Superados por el agotamiento, acamparon para descansar del esfuerzo de arrastrar los botes sobre el hielo puntiagudo.

El equipo de Shackleton observó cómo el *Endurance* era aplastado lentamente por el hielo.

En abril de 1916 los hombres finalmente llegaron a aguas abiertas y navegaron hacia la isla Elefante. Al fin estaban en tierra seca, pero estaban débiles, hambrientos y cansados. Nadie en el resto del mundo sabía dónde estaban. Para conseguir ayuda, Shackleton sabía que tenía que llegar a la Isla Georgia del Sur, a 800 millas de distancia. Eligió cinco hombres para que fueran con él en un bote ballenero, el *James Caird*. El carpintero del barco construyó un techo de lona para la cubierta. En este pequeño bote —de unos 23 pies de longitud— los seis hombres cruzaron las 800 millas tormentosas.

Al cabo de 16 días, desesperados por la sed, llegaron a la isla Georgia del Sur. La estación ballenera estaba al otro lado de la isla. Estaba solo a 30 millas de distancia, pero Shackleton y la estación estaban separados por montañas de hielo y glaciares que nunca habían sido atravesados. Shackleton y sus compañeros necesitaron tres días para cruzar las montañas que los pájaros típicos de la zona, como el albatros, podrían haber cruzado volando en media hora.

Pronto pudieron oír las sirenas a vapor de la estación ballenera. Alertas y excitados, finalmente llegaron al pueblo el 10 de mayo de 1916. No se habían cambiado la ropa en meses y estaban harapientos, barbudos y sucios. La gente no les quitaba la vista de encima. Finalmente, Shackleton encontró al administrador de la estación, que quedó sorprendido al verlo. Todos pensaban que la expedición entera se había perdido.

El pequeño *James Caird* llevó a parte del equipo de Shackleton en un viaje devastador de 800 millas.

Ahora Shackleton estaba preocupado por los 22 hombres varados en la isla Elefante. Temía que no pudieran sobrevivir al invierno en la isla estéril. Durante meses trató infructuosamente de organizar expediciones de rescate.

Los hombres de la isla Elefante sobrevivieron. Usaron los otros botes salvavidas para construir una choza. Cazaron focas y pingüinos para alimentarse. Estaban seguros de que el "Jefe" llegaría. Finalmente, en agosto de 1916, vieron un pequeño barco que se aproximaba. Se oyó un grito: —¿Están todos bien?

—Estamos bien, Jefe —respondieron. Aunque su expedición había fallado, Shackleton llevó a casa a todo su equipo.

Nuevos aventureros antárticos

Los científicos actuales de la Antártida tienen teléfonos satelitales, computadoras y otros medios para estar en contacto con el resto del mundo. En el verano, grupos de turistas llegan con regularidad para observar la vida salvaje, como el cormorán de ojos azules, que es un pájaro que se sumerge para atrapar peces y tiene una capa de plumas impermeables que lo protegen de las temperaturas heladas del agua. Más de 20 países tienen estaciones de investigación en la Antártida. Los científicos usan instrumentos sofisticados para estudiar el tiempo, los glaciares, la actividad solar y otros temas. Los Estados Unidos tienen tres importantes estaciones de investigación en la Antártida. La más cercana al Polo Sur es la Estación Amundsen-Scott. La más grande es la Estación McMurdo en la Isla de Ross. McMurdo tiene un gimnasio, una biblioteca, radio y televisión. Además de realizar investigaciones, el personal de la estación tiene tiempo para sus pasatiempos. Aun así, no ven el sol durante meses. Generalmente, los aviones no pueden aterrizar en invierno, aunque las aeronaves polares tienen esquís.

Arriba de McMurdo, en la colina Observation Hill, hay un monumento en memoria de la trágica expedición de Scott. En las cercanías, en Hut Point, hay una choza que quedó de las expediciones de Scott. Es posible que Shackleton también haya usado la choza. El aire frío y seco ha preservado la choza e incluso las provisiones, un recordatorio constante para los nuevos exploradores y científicos modernos que también buscan conquistar fronteras.

Responder

DESTREZA CLAVE **Secuencia de sucesos**

Vuelve a leer el texto para descubrir qué exploradores trataron de llegar al Polo Sur. Copia y completa la siguiente gráfica. Luego, escribe el año y el nombre del explorador en el orden en el que llegaron. Añade espacios a la gráfica si es necesario.

1901: Robert Falcon Scott comenzó a explorar la Antártida, pero tuvo que abandonar la expedición.

1904: ?

1912: ?

¡A escribir!

El texto y tú ¿Te gustaría explorar un lugar nuevo y peligroso, como la Antártida? Escribe uno o dos párrafos para contar por qué. Asegúrate de explicar las razones de tu opinión.

VOCABULARIO CLAVE

acurrucarse
agotamiento
alerta
concluir
estándar
exposición
fracturar
grandioso
perderse
visión

AMPLIAR EL VOCABULARIO

albatros
estéril
personal
terreno

DESTREZA CLAVE **Secuencia de sucesos** Identifica el orden cronológico en que transcurrieron los sucesos.

ESTRATEGIA CLAVE **Resumir** Brevemente y en tus propias palabras, menciona las partes importantes del texto.

GÉNERO La **narrativa de no ficción** presenta información de hechos reales a través de un relato verdadero.